Die Steinkohlengasindustrie in Deutschland in ihrer Bedeutung für die Volkswirtschaft und das moderne Städteleben.

INAUGURAL-DISSERTATION

zur

Erlangung der Doktorwürde

der

hohen Staatswissenschaftlichen Fakultät

der

Eberhard-Karls-Universität Tübingen

vorgelegt von

Albert Erich Schnabel-Kühn.

München.
Druck von R. Oldenbourg.
1910.

www.ingramcontent.com/pod-product-compliance
Lightning Source LLC
LaVergne TN
LVHW100308031026
849161LV00031B/614

* 9 7 8 3 4 8 6 7 3 9 6 6 4 *